技工院校汽车类专业（中级技能层级）
中等职业学校汽车类专业

汽车底盘构造与维修（第三版）习题册

刁鹏瑜　主编

中国劳动社会保障出版社

简介

本习题册是技工院校汽车类专业教材（中级技能层级）/ 中等职业学校汽车类专业教材《汽车底盘构造与维修》（第三版）的配套用书。习题册内容紧扣教学要求，注重基础知识的巩固和基本能力的培养，知识点分布均衡，题型丰富，难易适当，有助于学生复习巩固所学知识。

本习题册由刁鹏瑜主编，傅伟、李洋、李志远、张海峰参加编写，邹龙军审稿。

图书在版编目（CIP）数据

汽车底盘构造与维修（第三版）习题册 / 刁鹏瑜主编. -- 北京：中国劳动社会保障出版社，2024.
（技工院校汽车类专业）（中等职业学校汽车类专业）.
ISBN 978-7-5167-6474-9

Ⅰ. U463.103-44；U472.41-44

中国国家版本馆 CIP 数据核字第 2024KF1278 号

中国劳动社会保障出版社出版发行

（北京市惠新东街 1 号　邮政编码：100029）

*

河北品睿印刷有限公司印刷装订　　新华书店经销

787 毫米 ×1092 毫米　16 开本　5.5 印张　97 千字

2024 年 12 月第 1 版　2025 年 6 月第 2 次印刷

定价：11.00 元

营销中心电话：400-606-6496

出版社网址：https://www.class.com.cn

https://jg.class.com.cn

目　录

项目一　汽车底盘总体认识

一、填空题

1. 汽车传动系的作用是将汽车＿＿＿＿＿＿输出的动力按需要传给＿＿＿＿＿＿，使路面对驱动轮产生＿＿＿＿＿＿，推动汽车行驶。

2. 汽车传动系主要由＿＿＿＿＿＿、＿＿＿＿＿＿、＿＿＿＿＿＿、＿＿＿＿＿＿、＿＿＿＿＿＿等组成。

3. 大多数轿车传动系的布置形式是＿＿＿＿＿＿＿＿＿＿＿＿。

4. 一般情况下，运动型轿车传动系的布置形式是＿＿＿＿＿＿＿＿＿＿＿＿。

5. 汽车行驶系的类型主要有＿＿＿＿＿＿＿＿、＿＿＿＿＿＿＿＿、＿＿＿＿＿＿＿＿和＿＿＿＿＿＿＿＿等。

6. 汽车转向系一般由＿＿＿＿＿＿、＿＿＿＿＿＿和＿＿＿＿＿＿＿＿＿＿等组成。

7. 汽车制动系包括＿＿＿＿＿＿＿＿＿＿、＿＿＿＿＿＿＿＿＿＿、＿＿＿＿＿＿＿＿＿＿、＿＿＿＿＿＿＿＿＿＿等部件。

二、简答题

1. 汽车传动系的布置形式有哪几种？

2. 简述发动机前置、前轮驱动的传动系布置形式及特点。

3. 简述汽车行驶系的组成及各部分作用。

项目二　传动系构造与维修

任务1　离合器的结构与维修

一、填空题

1. 离合器位于发动机与__________之间，其主动部分与__________连接，从动部分与__________连接。

2. 离合器的类型很多，汽车广泛采用的是_______式离合器。根据从动盘的数目不同，分为_______离合器和_______离合器。

3. 摩擦式离合器由______________、______________、______________和______________组成。

4. 膜片弹簧离合器的主动部分由______________、______________及______________组成。

5. 周布螺旋弹簧离合器有_______和_______两种，由于螺旋弹簧只能作为压紧装置，所以必须单独设置______________，从而使离合器结构复杂，轴向尺寸加大。高速时，由于离心力的作用使弹簧产生弯曲，导致__________下降而使离合器__________，因此只在少数载重汽车上使用。

6. 双盘周布螺旋弹簧离合器在结构上与单盘周布螺旋弹簧离合器相比，主要区别是主动部分多了一个__________和从动部分多了一个__________，即双盘周布螺旋弹簧离合器有两个__________和两个__________，摩擦面从____个增加到____个。

7. 目前，汽车离合器广泛采用__________式和__________式操纵机构。也有一些车辆上采用以这两种为基础的__________式或__________式操纵机构。

8. 机械式操纵机构有_______传动和_______传动两种形式。

9. 液压式操纵机构主要由__________、__________和管路等组成。

10. 离合器工作缸内装有_______、_______、_______和______________等。两皮碗的刃口方向_______，其作用是不同的。

11. 离合器从动盘摩擦片的磨损程度可用________________进行测量。

12. 离合器盖与飞轮接合面的平面度应小于______mm，如有翘曲、裂纹、螺纹磨损等，应更换离合器盖。

二、单项选择题

1.（　　）是离合器的主动部分。

A. 曲轴　　B. 飞轮　　C. 压紧弹簧　　D. 分离轴承

2. 从离合器踏板到分离叉之间的各杆件统称为（　　）。

A. 操纵机构　　B. 分离机构　　C. 压紧装置　　D. 从动部分

3. 离合器使（　　）与传动系逐渐接合，保证汽车平稳起步。

A. 发动机　　B. 变速器　　C. 车轮　　D. 车架

4.（　　）暂时切断发动机与传动系的联系，便于变速器顺利换挡。

A. 飞轮　　B. 离合器　　C. 压盘　　D. 分离轴承

5. 离合器的（　　）是驾驶员借以使离合器分离，而后又使之柔和地接合的一套机构。

A. 压盘　　B. 分离弹簧　　C. 分离轴承　　D. 操纵机构

6. 膜片弹簧离合器通过（　　）将离合器盖与压盘连接起来。

A. 传动销　　B. 传动片　　C. 传动螺栓　　D. 传动块

7. 发动机工作时，输出转矩一部分由飞轮直接传给（　　）。

A. 离合器盖　　B. 从动盘　　C. 分离杠杆　　D. 离合器压紧弹簧

8. 离合器从动盘通过盘毂的花键将转矩传给从动轴，由此输入（　　）。

A. 分离轴承　　B. 压盘　　C. 传动轴　　D. 变速器

9. 当踩下离合器踏板时，主缸产生液压推动活塞前移，通过管路将液压传到（　　）。

A. 工作缸　　B. 分离轴承　　C. 分离叉　　D. 分离杠杆

10. 分离轴承通常一次性加注（　　），维护时切勿随意拆卸清洗。

A. 机油　　B. 润滑脂　　C. 齿轮油　　D. 密封油

11. 放松离合器踏板时，在（　　）的作用下，离合器踏板会带着主缸推杆复位。

A. 分离杠杆　　B. 膜片弹簧　　C. 分离轴承　　D. 回位弹簧

12. 绳索传动式操纵机构的绳索寿命（　　），拉伸刚度较小，故只适用于轻型、微型汽车和轿车。

A. 较长　　B. 适中　　C. 较短　　D. 稳定

13．为了消除传动系的扭转振动，在离合器从动盘上装有（　　）。

A．铆钉　　B．摩擦片　　C．减振花键　　D．扭转减振器

三、判断题

1．安装从动盘时，应使减振器盘朝前。（　　）

2．膜片弹簧既是压紧弹簧，又是分离杠杆。（　　）

3．膜片弹簧的弹簧性能优于圆柱螺旋弹簧。（　　）

4．螺旋弹簧既能作为压紧装置，又能作为分离杠杆。（　　）

5．单盘周布螺旋弹簧离合器主动部分、从动部分的结构与膜片弹簧离合器不同。（　　）

6．离合器主缸和工作缸的推杆长度一般是可调整的，通过调整推杆长度来调整离合器踏板的自由行程。（　　）

7．膜片弹簧离合器在分离时，膜片弹簧会产生反向变形，使压盘与从动盘分离。（　　）

8．压盘既可以随飞轮一起旋转，又可以相对于飞轮做轴向移动。（　　）

9．在没踩下离合器踏板时，从动盘是紧压在飞轮端面上的，发动机的动力可以传递到变速器。（　　）

10．离合器的输出轴即变速器的输入轴。（　　）

11．驾驶员根据行驶情况，随时踩下离合器踏板，使发动机和变速器接合，以切断发动机向变速器输入的动力。（　　）

四、名词解释

1．离合器自由间隙

2．离合器踏板自由行程

五、简答题

1. 离合器的功用是什么?

2. 对离合器有什么要求?

3. 离合器主缸的主要功能是什么?

4. 简述离合器的分离过程。

5. 按离合器压紧弹簧的形式及布置位置不同，简述离合器的分类。

六、论述题

1. 根据图 2–1–1，回答下列问题。

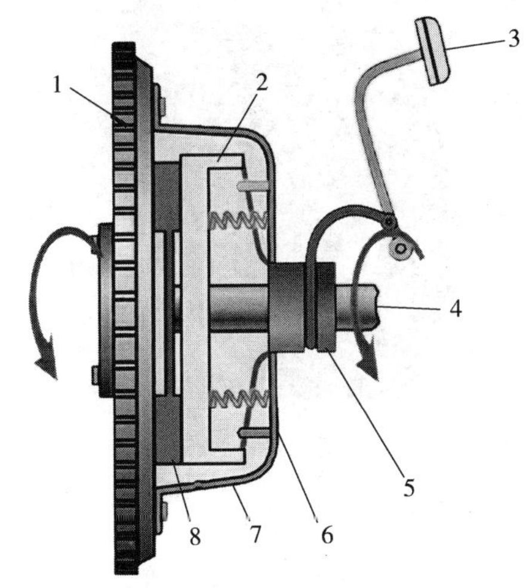

图 2–1–1 离合器的组成

（1）写出图中标注 1、2、7、8 的零部件名称。

（2）简述离合器接合时的动力传递路线。

2. 根据图 2–1–2，回答下列问题。

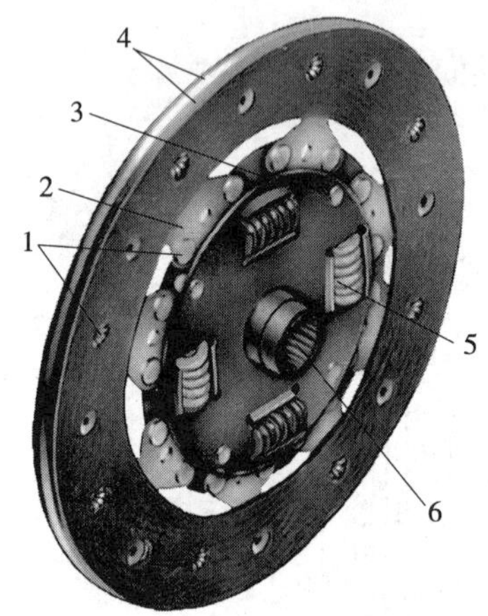

图 2–1–2　从动盘的组成

（1）写出图中标注 3、4、5、6 的零部件名称。

（2）简述从动盘工作时扭转振动的衰减过程。

3. 根据图 2–1–3，回答下列问题。

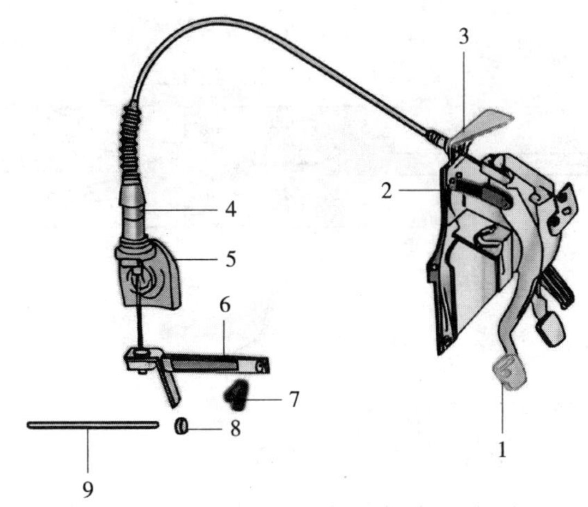

图 2–1–3　绳索传动式操纵机构

（1）写出图中标注 3、4、5、6 的零部件名称。

（2）简述绳索传动式操纵机构的特点。

4．根据图 2–1–4，叙述离合器液压式操纵机构的工作原理。

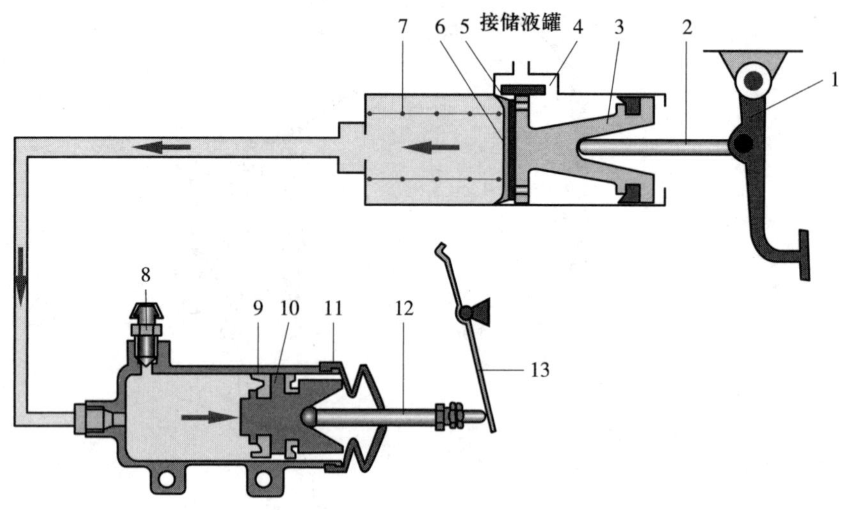

图 2–1–4　离合器液压式操纵机构的工作原理

1—离合器踏板　2—主缸推杆　3—主缸活塞　4—进油孔　5—补偿孔　6—主缸皮碗

7—主缸活塞回位弹簧　8—放气螺钉　9—工作缸皮碗　10—工作缸活塞

11—防尘罩　12—工作缸推杆　13—分离叉

任务 2　手动变速器的结构与维修

一、填空题

1. 变速器按操纵方式可分为________变速器、________变速器和________________________变速器。

2. 变速器的传动比为 i，当 $i>1$ 时，为变速器的________挡，且 i 越大，挡位越________；当 $i=1$ 时，为变速器的________挡；当 $i<1$ 时，为变速器的________挡。

3. 手动变速器由________________机构和________________机构组成。

4. 三轴式变速器输入轴的前端由________________________支撑，后端由________________________支撑。

5. 二轴式变速器一般与前驱动桥合称为________________________。

6. 常见的同步器有________式惯性同步器和________式惯性同步器两种。

7. 大、中型货车普遍采用________式惯性同步器。

8. 变速器操纵机构按变速杆距离变速器远近的不同，可分为________________式和________________式。

9. ________装置用于防止同时挂上两个挡位。

10. 大多数变速器的自锁装置都采用________________对拨叉轴进行轴向定位锁止。

11. 分动器是一个齿轮传动系统，它单独固定在车架上，其____________与变速器的输出轴用万向传动装置连接。

二、单项选择题

1. 汽车变速器的操纵机构有（　　）个锁止装置。

A．1　　B．2　　C．3　　D．4

2. 对于五挡变速器而言，传动比最大的前进挡是（　　）。

A．一挡　　B．二挡　　C．四挡　　D．五挡

3. 两轴式变速器的特点是输入轴与输出轴（　　），且无中间轴。

A．重合　　B．垂直　　C．平行　　D．斜交

4. 汽车变速器（　　）的主要作用是改变转矩、转速和旋转方向。

A．操纵机构　　　　　　　　　　B．变速传动机构

C．安全装置　　　　　　　　　　D．齿轮

5．汽车变速器（　　）装置用于防止驾驶员误挂倒挡。

A．自锁　　B．互锁　　C．倒挡锁　　D．中央锁

6．变速器在换挡过程中，必须使即将啮合的一对齿轮的（　　）达到相同，才能顺利地挂上挡。

A．角速度　　　　　　　　　　B．线速度

C．转速　　　　　　　　　　　D．圆周速度

7．无级式变速器的英文缩写为（　　）。

A．AT　　B．CVT　　C．MT　　D．CCT

8．变速器按传动比的级数可分为有级式、无级式和（　　）式三种。

A．手动挡　　B．自动挡　　C．一体　　D．综合

9．操纵机构的主要作用是控制变速传动机构实现变速器传动比的（　　）。

A．变换　　B．增大　　C．减小　　D．稳定输出

10．根据（　　）不同，手动变速器可分为二轴式变速器和三轴式变速器。

A．变速传动机构　　B．操纵机构　　C．换挡机构　　D．互锁机构

11．二轴式变速器用于（　　）的汽车。

A．发动机后置、后轮驱动　　　　B．发动机后置、前轮驱动

C．发动机前置、四轮驱动　　　　D．发动机前置、前轮驱动

12．为了避免变速器在换挡过程中齿轮间发生冲击，在变速器中设置了（　　）。

A．同步器　　　　　　　　　　B．自锁装置

C．互锁装置　　　　　　　　　D．减振器

13．分动器的功用是将变速器输出的动力分配到各（　　）。

A．驱动桥　　B．驱动轮　　C．传动轴　　D．差速器

三、判断题

1．传动比 $i>1$ 时，为减速传动。（　　）

2．变速器的维护项目主要是对机油进行检查和更换。（　　）

3．更换同步器后，若使用原锥盘，应检查锥盘和锥环的端面间隙。（　　）

4．有级式变速器结构简单、工作可靠、传动效率高。（　　）

5．变速传动机构的主要作用是改变转矩、转速和旋转方向。（ ）

6．三轴式变速器的输入轴、输出轴、中间轴、倒挡轴相互平行，安装于壳体上。（ ）

7．二轴式变速器用于发动机后置、后轮驱动的汽车，一般与驱动桥合称为手动变速驱动桥。（ ）

8．汽车在换挡时，因为两根轴上的齿轮转速不一致，强行挂入会引起齿间冲击，缩短变速器的使用寿命。（ ）

9．大、中型货车普遍采用锁销式惯性同步器。（ ）

10．变速器操纵机构一般都具有换挡锁装置，包括自锁装置、互锁装置和倒挡锁装置。（ ）

四、简答题

1．变速器的功用是什么？

2．自锁装置的作用是什么？

五、论述题

1. 根据图 2-2-1，回答下列问题。

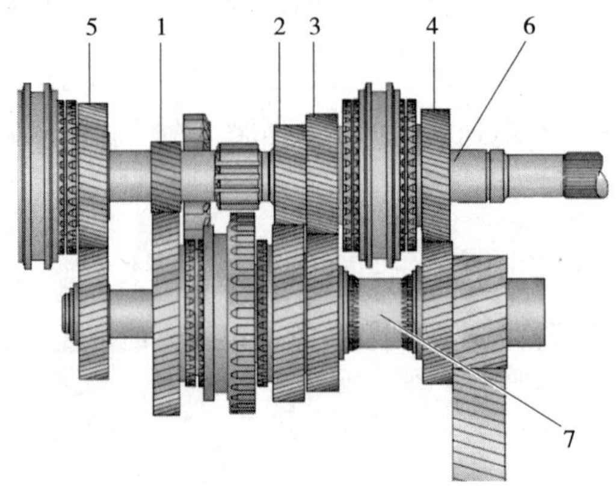

图 2-2-1　有级式变速器

（1）图 2-2-1 所示的变速器为几轴式的？按操纵方式分类，属于哪一类型的变速器？

（2）写出图中标注 1、2、3、4、5、6、7 的零部件名称。

2. 根据图 2-2-2，回答下列问题。

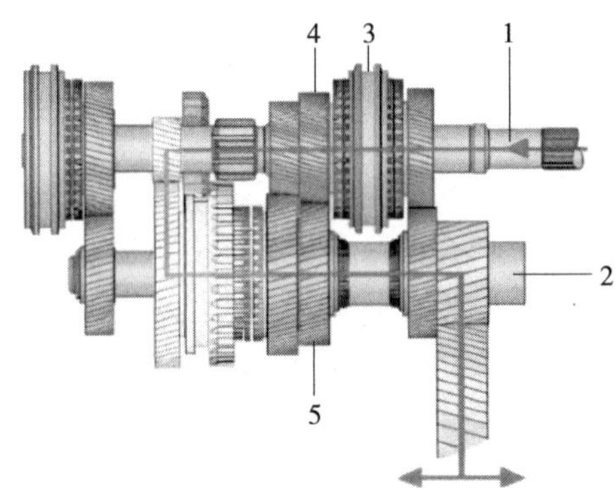

图 2-2-2　二轴式变速器

（1）写出图中标注 1、2、3、4、5 的零部件名称。

（2）写出图示挡位的动力传递路线。

3．根据图 2–2–3，回答下列问题。

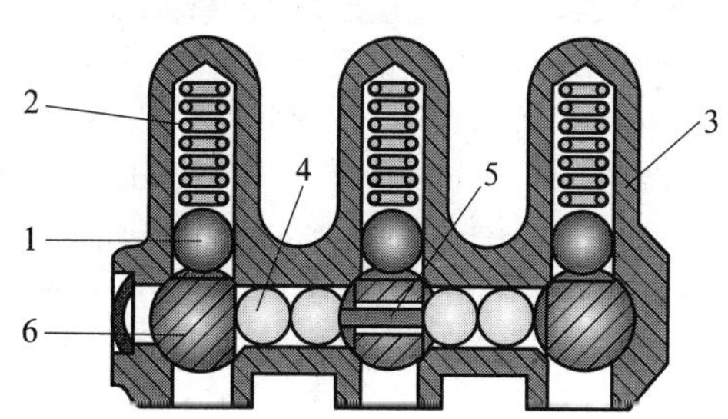

图 2–2–3　换挡锁装置

（1）写出图中标注 1、2、4、5 的零部件名称。

（2）分别简述互锁装置和倒挡锁装置的作用。

4．根据图 2-2-4，简要描述三轴式五挡变速器的各挡动力传递路线。

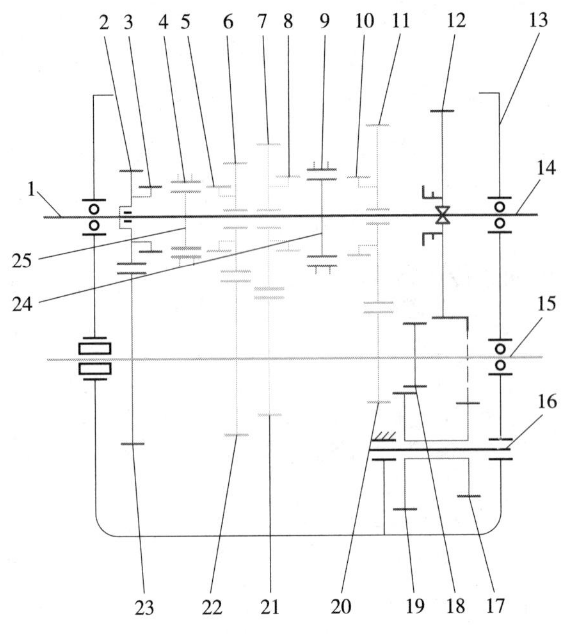

图 2-2-4　三轴式五挡变速器传动示意图

1—输入轴　2—输入轴常啮合齿轮　3—输入轴常啮合齿轮接合齿圈　4、9—接合套
5—四挡齿轮接合齿圈　6—输出轴四挡齿轮　7—输出轴三挡齿轮　8—三挡齿轮接合齿圈
10—二挡齿轮接合齿圈　11—输出轴二挡齿轮　12—输出轴一、倒挡滑动齿轮
13—变速器壳体　14—输出轴　15—中间轴　16—倒挡轴　17、19—倒挡中间齿轮
18—中间轴一、倒挡齿轮　20—中间轴二挡齿轮　21—中间轴三挡齿轮
22—中间轴四挡齿轮　23—中间轴常啮合齿轮　24、25—花键毂

5．描述锁环式惯性同步器的结构特点。

6．描述锁销式惯性同步器的结构特点。

任务 3　自动变速器的结构与维修

一、填空题

1. 自动变速器主要由________、________、________、________等组成。

2. 齿轮变速器是自动变速器的主要组成部分，它包括________机构和________机构。

3. 汽车自动变速器的控制系统有________式和________式两种。

4. 电液控制式控制系统除了阀体总成及液压管路之外，还包括________、________、________及控制电路等。

5. 按照汽车驱动方式的不同，自动变速器可分为________自动变速器和________自动变速器两种。

6. 按齿轮变速器的类型不同，自动变速器可分为________式和________式两种。

7. 典型的液力变矩器由________、________、________和壳体组成。

8. ________是自动变速器液压系统的动力源，它安装在液力变矩器的后方，由液力变矩器壳后端的________驱动。

9. 行星齿轮变速器由________机构及________机构组成。

10. 行星齿轮机构有很多类型，其中最简单的行星齿轮机构由 1 个________、1 个________、1 个________和安装在行星架上的 3~4 个________组成。

11. 在行星排中，具有固定轴线的________、________和________称为行星排的三个基本元件。

12. 换挡执行机构主要由________、________和________三种换挡执行元件组成。

13. 多片湿式制动器由________、________、________、________及制动器毂等组成。

14. 常见的单向离合器有________式和________式两种。

15. 控制系统中的大部分控制阀都位于________中，通过变速器壳体和变速器轴上的油道与________________、________________及各个________________相通。

二、判断题

1. 液力变矩器位于自动变速器的最前端，安装在发动机的飞轮上。 (　　)

2. 当发动机运转而汽车还未起步时，涡轮转速不为零。 (　　)

3. 发动机运转时，不论汽车是否行驶，自动变速器的油泵都在运转。 (　　)

4. 太阳轮、齿圈及行星架的固定轴线是不同的。 (　　)

5. 制动器的作用是将行星排中的太阳轮、齿圈、行星架三个基本元件中的一个加以固定，使之不能旋转。 (　　)

6. 自动变速器能够根据发动机的负荷和车辆的行驶速度自动地变换合适的挡位。 (　　)

7. 按控制方式不同，自动变速器可分为全液压控制式自动变速器和电液控制式自动变速器两种。 (　　)

8. 液力变矩器以液压油为工作介质，起传递转矩、变矩、变速及离合的作用。 (　　)

三、简答题

1. 液力变矩器的作用是什么？

2. 自动变速器有哪些特点？

3．自动变速器油泵的主要作用是什么？

4．简述电液控制式自动变速器的控制原理。

四、论述题

1．根据图 2–3–1，写出图示零部件的名称及安装位置。

图 2–3–1　某零部件

2．根据图 2–3–2，回答下列问题。

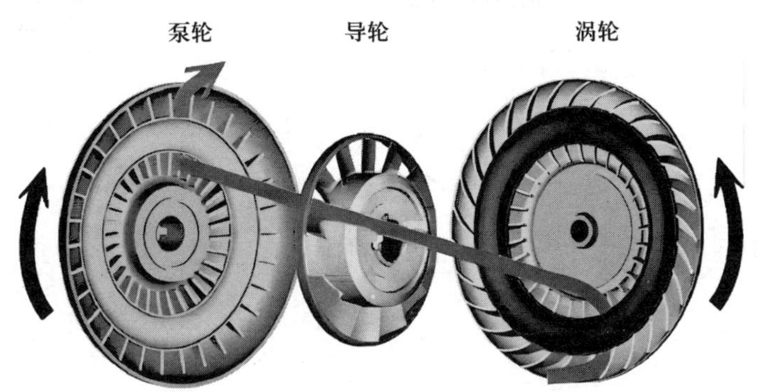

图 2–3–2　液力变矩器

（1）此时液力变矩器处于哪个过程？

（2）简述此时涡轮转矩与泵轮转矩的关系。

3．根据图 2–3–3，回答下列问题。

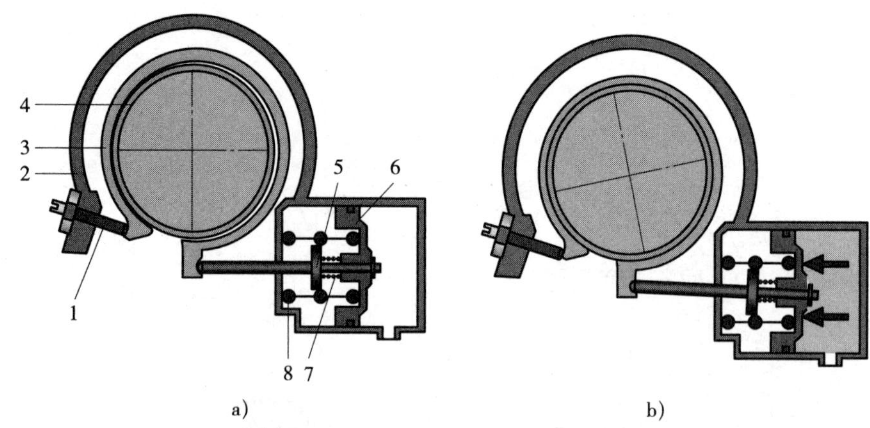

图 2–3–3　带式制动器

a）结构　b）工作过程

（1）写出图中标注 3、4、5、6 的零部件名称。

（2）简述带式制动器的工作过程。

4．描述行星齿轮机构的变速原理。

任务4 万向传动装置的结构与维修

一、填空题

1．万向传动装置主要包括____________和____________。对于传动距离较远的分段式传动轴，为了提高传动轴的刚度，还设置有________________。

2．万向节一般分为________万向节和________万向节。

3．刚性万向节按速度特性可分为____________万向节、____________万向节和____________万向节。

4. ____________________万向节主要用于发动机前置、后轮驱动的变速器与驱动桥之间，____________万向节主要用于发动机前置、前轮驱动的内、外半轴之间。

5. 十字轴式刚性万向节主要由________________和________________等组成。

6. 等速万向节的常见结构形式有________式和________式。

7. 球笼式万向节由六个钢球、____________、____________和____________等组成。

8. 单个十字轴式刚性万向节在主动轴和从动轴之间有夹角的情况下，当主动叉等角速转动时，从动叉是不等角速的，这称为十字轴式刚性万向节的____________特性。

9. 传动轴两端的连接件装好后，应进行____________试验。

10. 球叉式万向节由__________、_________、四个传动钢球、中心钢球、定位销、锁止销等组成。

二、单项选择题

1. 等速万向节主动轴和从动轴的角速度（　　）。

A. 不相等　　B. 相等　　C. 一慢一快　　D. 没有联系

2. 在汽车万向传动装置中，当十字轴内腔油压过大时，顶开（　　），使多余润滑脂外溢。

A. 油嘴　　B. 油封　　C. 滚针　　D. 安全阀

3. 在汽车万向传动装置中，当主动轴转动时，从动轴既能随之转动，又可绕十字轴中心在（　　）方向摆动。

A. 上下　　B. 左右　　C. 任意　　D. 向左

4. 在汽车万向传动装置中，单个普通刚性万向节在有夹角的情况下，不能传递（　　）运动。

A. 等圆周　　B. 等转速　　C. 等角速　　D. 等速

5. 前轮驱动轿车的半轴上均安装（　　）万向节。

A. 普通　　B. 十字轴式刚性

C. 准等速　　D. 等速

6. 十字轴式刚性万向节允许相邻两轴的最大交角为（　　）。

A. 10°~15°　　B. 15°~20°　　C. 20°~25°　　D. 25°~30°

7. 在十字轴式刚性万向节中，十字轴轴颈与万向节叉的孔之间装有（　　）。

A. 套筒　　B. 滚针　　C. 套筒和滚针　　D. 双联叉

8．十字轴式刚性万向节采取的润滑方式是（　　）。

A．飞溅润滑　　B．压力润滑　　C．润滑脂润滑　　D．无需润滑

9．传动轴分段时需加中间支撑，中间支撑通常装在（　　）上。

A．车架横梁　　B．半轴　　C．驱动桥　　D．发动机支架

三、判断题

1．万向传动装置在汽车上有很多应用，结构稍有不同，功用是不一样的。（　　）

2．转向驱动桥、断开式驱动桥或微型汽车的传动轴通常制成实心轴。（　　）

3．为了减小传动轴的质量，节省材料，提高轴的强度、刚度，传动轴多为空心轴。（　　）

4．为了加注润滑脂方便，万向传动装置的油嘴应在一条直线上，且万向节上的油嘴应朝向传动轴。（　　）

5．为了使十字轴式刚性万向节轴承良好润滑，十字轴上应制有油道。（　　）

6．等速万向节只能用于转向驱动桥的半轴上。（　　）

7．球叉式万向节在工作时，只有两个钢球传力，磨损快，影响使用寿命。（　　）

8．球笼式万向节在装配完成后不需要涂抹润滑脂。（　　）

四、简答题

1．汽车上为什么要安装万向传动装置？

2．万向传动装置的作用是什么？

3．简述万向传动装置在汽车上的应用位置。

4．要使两个十字轴式刚性万向节等速传动，在安装上应满足什么条件？

5．中间支撑的作用是什么？

6．装配万向传动装置的注意事项有哪些？

7. 简述十字轴式刚性万向节的润滑形式。

任务5 驱动桥的结构与维修

一、填空题

1. 驱动桥可分为________式驱动桥和________式驱动桥。

2. 整体式驱动桥与____________悬架配用。

3. 断开式驱动桥与____________悬架配用。

4. 驱动桥主要由______________、______________、______________和______________等组成。

5. 汽车双级主减速器的第一级为____________齿轮传动，第二级为____________齿轮传动。

6. 单级主减速器由一对____________齿轮及其_____________组成。

7. 双级主减速器的主动锥齿轮轴承预紧度通过两个圆锥滚子轴承之间的____________来调整，增加其数量时，轴承预紧度________，减少其数量时，轴承预紧度________。

8. 差速器按用途可分为________差速器和________差速器。________差速器装在同一驱动桥两侧驱动轮之间，而________差速器装在各驱动桥之间。

9. 应用最广泛的普通差速器为____________式差速器。

10. 为了提高汽车通过不良路面的能力，可采用________差速器。

11. 现在汽车常采用________式和________式两种半轴支撑形式。

12. 按结构形式不同，驱动桥的桥壳可分为________式和________式两种。

二、单项选择题

1. 汽车（　　）主减速器多采用由一对大小不等的锥齿轮组成的传动机构。

A. 单级　　B. 双级　　C. 三级　　D. 多级

2. 主减速器的功用是（　　）。

A. 降速增矩　　B. 降速降矩　　C. 增速增矩　　D. 增速降矩

3. 汽车（　　）将万向传动装置传来的动力传给驱动轮。

A. 前桥　　B. 后桥　　C. 支撑桥　　D. 驱动桥

4. 汽车在平直路面上行驶时，差速器（　　）。

A. 不起差速作用　　B. 起差速作用

C. 不起减速作用　　D. 起减速作用

5. 汽车转弯行驶时，差速器（　　）。

A. 不起差速作用　　B. 起差速作用

C. 不起减速作用　　D. 起减速作用

6. 半轴是在汽车（　　）与驱动轮之间传递转矩的轴。

A. 差速器　　B. 主减速器

C. 传动轴　　D. 变速器

7. 汽车半轴传递的转矩较大，故一般是（　　）轴。

A. 空心　　B. 实心

C. 一半空心，一半实心　　D. 任意

8. 下列零件中，（　　）不属于单级主减速器。

A. 调整垫片　　B. 主动锥齿轮

C. 调整螺母　　D. 半轴齿轮

9. 单级主减速器的（　　）齿轮安装在差速器壳上。

A. 主动锥　　B. 从动锥　　C. 行星　　D. 半轴

10. 当左、右两侧车轮阻力不同时，差速器内的行星齿轮（　　）。

A. 开始公转　　B. 开始自转

C. 开始反转　　D. 开始滑动

11. 差速器壳上安装着行星齿轮、半轴齿轮、从动锥齿轮和行星齿轮轴，其中不属于差速器的是（　　）。

A．行星齿轮　　B．半轴齿轮

C．从动锥齿轮　　D．行星齿轮轴

12. 差速器具有转矩平均分配的特点，因此当左轮打滑时，右轮获得的转矩（　　）。

A．大于左轮转矩　　B．小于左轮转矩

C．等于左轮转矩　　D．等于零

13. 当汽车左转向时，由于差速器的作用，左、右两侧驱动轮转速不同，转矩的分配是（　　）。

A．左轮大于右轮　　B．右轮大于左轮

C．左、右轮相等　　D．右轮为零

14. 汽车主减速器的形式有单级、双级、双速主减速器，以及（　　）主减速器、贯通式主减速器等。

A．等速　　B．减速　　C．起步　　D．轮边

15. 不论是轮间差速器还是轴间差速器，按其工作特性均可分为普通差速器和（　　）差速器两大类。

A．防滑　　B．同步　　C．减磨　　D．半轴

16. 主减速器传来的动力带动差速器壳转动，经过行星齿轮轴、行星齿轮、半轴齿轮、半轴，最后传给两侧（　　）。

A．从动轮　　B．驱动轮　　C．前轮　　D．后轮

17. 当前、后驱动桥中某一桥因附着力小而出现滑转时，（　　）起作用，将转矩的大部分分配给附着力好的另一驱动桥，从而提高汽车通过不良路面的能力。

A．同步器　　B．主减速器

C．耦合器　　D．差速器

18. 汽车行驶时，半轴只传递转矩，不承受其他任何力及力矩，该类支撑形式的半轴称为（　　）。

A．全浮式半轴　　B．半浮式半轴

C．全支撑半轴　　D．通用半轴

19. 断开式桥壳一般由两段组成，也有由三段甚至多段组成的，各段之间用（　　）连接。

A．铆钉　　B．焊接　　C．螺栓　　D．销子

20．整体式驱动桥中的半轴为（　　）。

A．阶梯轴　　B．组合轴

C．锥形轴　　D．刚性整轴

三、判断题

1．单级主减速器中的小齿轮为主动轮。（　　）

2．采用两对齿轮传动的主减速器称为双级主减速器。（　　）

3．双级主减速器共有三对啮合齿轮。（　　）

4．差速器可保证两侧驱动轮在任何道路条件下均能保持纯滚动和等角速转动。（　　）

5．汽车在路况良好、平坦的公路上直线行驶时，差速器的行星齿轮只做公转而无自转。（　　）

6．压出行星齿轮轴时，应先将露出孔销的部分剪掉。（　　）

7．复合式止推垫片的安装不需要提前涂抹润滑油。（　　）

8．汽车转向时，两半轴转速不同。（　　）

四、简答题

1．驱动桥的功用是什么？

2．简述整体式驱动桥和断开式驱动桥的异同。

3．主减速器的功用是什么？

4．差速器的功用是什么？

5．简述差速器的工作过程。

6．半轴的功用是什么？

7. 简述全浮式半轴支撑的特点。

8. 简述托森差速器的结构组成和工作原理。

9. 简述汽车双级主减速器的结构组成。

项目三　行驶系构造与维修

任务 1　车架的结构与维修

一、填空题

1．汽车上采用的车架有________式、________式、________式和________式等类型。

2．________式车架便于安装车身和布置总成，有利于车辆改装，所以被广泛应用。

3．边梁式车架的纵梁一般由低碳合金钢板冲压而成，断面一般为______形，也有的做成______形或______形。

4．边梁式车架的横梁一般用低碳钢板冲压成______形，以增强车架的________能力和承受________载荷的能力。

5．轿车车架的纵梁采用________式，目的是保证其高速行驶的稳定性。

6．广泛用于轿车和客车上的车架是________式车架。

7．由一根贯穿汽车纵向的中央纵梁和若干根横向悬伸托架所构成的车架是________式车架。

8．综合式车架是综合________式车架和________式车架的结构特点形成的。

二、简答题

1．车架的功用是什么？

2．对车架的要求有哪些？

3．中梁式车架的优缺点各有哪些？

4．无梁式车架为什么又称为承载式车身？

任务2　悬架系统的结构与维修

一、填空题

1．悬架是________与________之间一切传力连接装置的总称。

2．现在汽车的悬架虽有不同的结构形式，但一般都由______________、________________、________________等组成，轿车一般还有________________。

3．汽车悬架有____________悬架和____________悬架两种类型。

4．汽车上常用的弹性元件包括________________、________________、________________

和________等。

5. 钢板弹簧广泛应用于汽车的________悬架中。

6. 装配钢板弹簧时，各弹簧钢片之间要涂抹________或装有________以减磨。

7. 气体弹簧分为________和________两种。

8. 目前汽车上应用最广泛的减振器是________式减振器。近年来，在高级轿车上有的采用________式减振器。

9. 双向作用筒式减振器有 3 个同心缸筒，外面的缸筒是________，其上部的吊耳与________相连；中间的缸筒是________，内部装有一定量的油液，其下端的吊耳与________相连；里面的缸筒是________，其内装满油液。它还有 4 个阀，即________、________、________和________。

10. 对于两个横摆臂等长的独立悬架，当车轮上下跳动时，虽然车轮平面不倾斜，主销轴线的方向也不发生变化，但轮距发生较大的变化，这将引起________和________。

11. 单纵臂式独立悬架如果用于前轮，车轮上下跳动时会使________变化很大。

12. 双纵臂式独立悬架的两个纵摆臂长度一般做成相等，形成________机构。

13. 麦弗逊式独立悬架由________、________、________、________等组成。

14. 电控悬架系统可分为________悬架系统和________悬架系统两大类。

15. 主动悬架系统是指根据车辆的运动状态和路面情况，主动调节悬架系统的________、减振器的________、车身的________，使悬架始终处于最佳的减振状态。

16. 半主动悬架系统仅对减振器的________进行调节，有些还对横向稳定器的________进行调节，调节方式有________式和________式两种。

17. 电控悬架系统由________、________、________三部分组成。

18. 电控悬架系统的传感器主要有以下几种：________传感器、________传感器、________传感器、________传感器、________传感器、________传感器等。

19．电控悬架系统通常使用的执行元件是________________、________________及________________等。

20．半主动悬架系统通常以车身振动__________作为控制目标参数，以悬架减振器的__________为控制对象。

21．空气悬架由__________、__________、__________等组成。

22．车身高度调节装置由空气压缩机、直流电动机、高度控制电磁阀、排气电磁阀、____________、____________等组成。

23．扭杆弹簧是由__________制成的杆件。扭杆的断面通常为_____形，少数为矩形或管形，其两端制成花键、方形、六角形等形状，以便一端固定在_______上，另一端固定在悬架的______上。

24．独立悬架的结构类型有很多，一般可按车轮的运动方式分为______式独立悬架、______式独立悬架和车轮沿主销移动的独立悬架三类。

25．车轮沿主销移动的独立悬架包括________式独立悬架和________式独立悬架。

26．根据使用的介质不同，电控悬架可分为______式主动悬架和______式主动悬架两种。

27．螺旋弹簧由特殊的_____________卷制而成，可以制成__________形或___________形，也可以制成__________或__________。

二、单项选择题

1．独立悬架在（　　）上广泛应用。

A．中型汽车　　B．重型汽车

C．轿车　　D．挂车

2．非独立悬架在（　　）上广泛应用。

A．轿车　　B．豪华轿车

C．中型轿车　　D．中、重型汽车

3．汽车上使用的非独立悬架，广泛采用（　　）作为弹性元件。

A．螺旋弹簧　　B．钢板弹簧

C．减振器　　D．扭杆弹簧

4．汽车（　　）可吸收或缓和车轮在不平路面上受到的冲击和振动。

A．车架　　B．车桥　　C．悬架　　D．车身

5．汽车（　　）用来使振动衰减，减小车身和车轮的振动。

A．弹性元件　　B．导向机构

C．减振器　　D．车架

6．汽车（　　）用来承受和传递垂直载荷，缓和不平路面引起的冲击。

A．弹性元件　　B．导向机构

C．减振器　　D．车架

7．（　　）用来传递纵向力、侧向力及力矩，并保证汽车车轮相对于车架或车身有一定的运动规律。

A．弹性元件　　B．导向机构

C．减振器　　D．车架

8．目前在轿车中应用很广泛的独立悬架是（　　）式独立悬架。

A．麦弗逊　　B．烛　　C．双纵臂　　D．横臂

三、判断题

1．钢板弹簧在载荷作用下变形时，各弹簧钢片之间不会相对滑动。（　　）

2．螺旋弹簧广泛应用于非独立悬架。（　　）

3．螺旋弹簧只能承受垂直载荷，且变形时不产生摩擦力，所以悬架中必须装有减振器和导向机构。（　　）

4．左、右扭杆弹簧安装时可以互换，是通用的。（　　）

5．油气弹簧具有变刚度的特性。（　　）

6．双向作用筒式减振器在压缩、伸张两个行程都能起减振作用。（　　）

7．对于双纵臂式独立悬架，当车轮上下跳动时，车轮外倾角、轮距和主销后倾角都发生变化。（　　）

8．麦弗逊式独立悬架没有主销实体，转向轴线为上、下铰接中心的连线。（　　）

9．减振器的作用是利用液体流动的阻力来加速衰减车身的振动，以改善汽车行驶的平顺性。（　　）

10．汽车悬架系统中，弹性元件用来传递力矩。（　　）

11．螺旋弹簧式非独立悬架一般适用于轿车的前悬架。（　　）

12．圆柱形等螺距螺旋弹簧的刚度是可变的。（　　）

13．横臂式独立悬架是指车轮在汽车横向平面内摆动的悬架。（　　）

四、名词解释

1．非独立悬架

2．独立悬架

五、简答题

1．悬架的作用是什么？

2．主动悬架系统的控制功能有哪些？

3．电控空气悬架如何对汽车车身高度进行调节？

4．电控悬架系统的组成部分有哪些？各部分的作用是什么？

六、应用题

1. 结合图 3–2–1，介绍双向作用筒式减振器的工作原理。

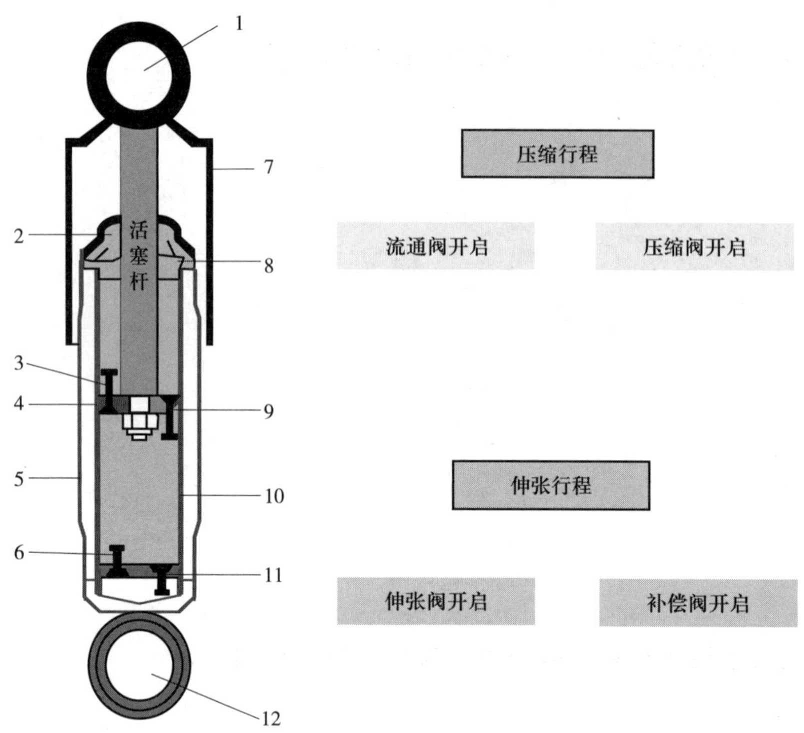

图 3–2–1　双向作用筒式减振器的工作原理

1—吊耳（与车架或车身相连）　2—油封　3—伸张阀　4—活塞　5—储油缸筒

6—压缩阀　7—防尘罩　8—导向座　9—流通阀　10—工作缸筒

11—补偿阀　12—吊耳（与车桥相连）

2. 结合图 3-2-2，介绍空气悬架刚度的调节原理。

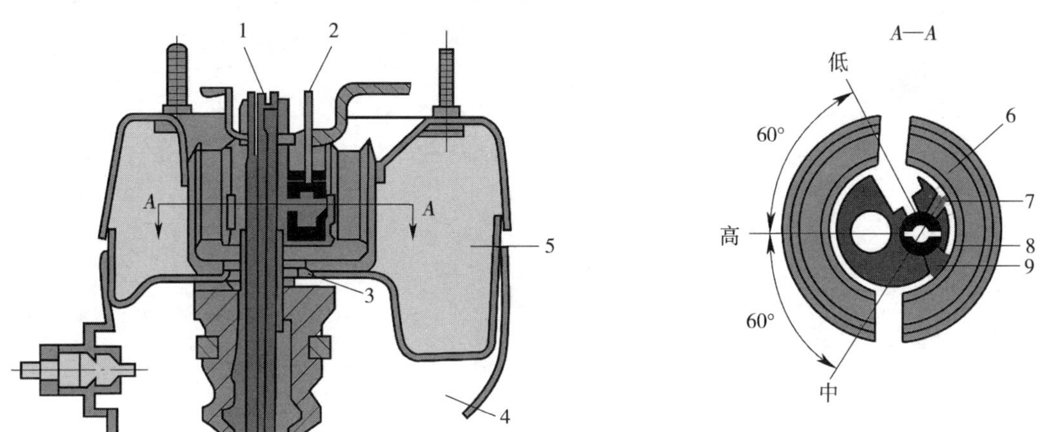

图 3-2-2　空气悬架刚度的调节原理

1—阻尼调节杆　2—空气阀控制杆　3—主、副气室通路　4—主气室
5—副气室　6—空气阀阀体　7—气体通路小孔　8—阀芯　9—气体通路大孔

3．结合图 3-2-3，介绍渐变刚度钢板弹簧式非独立悬架的组成以及工作过程。

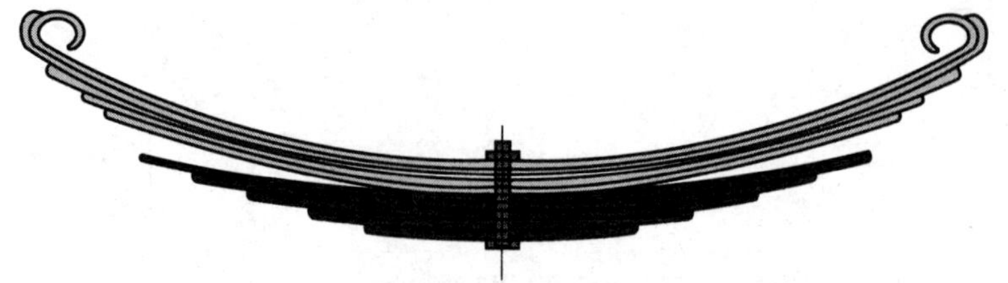

图 3-2-3　渐变刚度钢板弹簧式非独立悬架

4．结合图 3-2-4，介绍油气弹簧的工作过程。

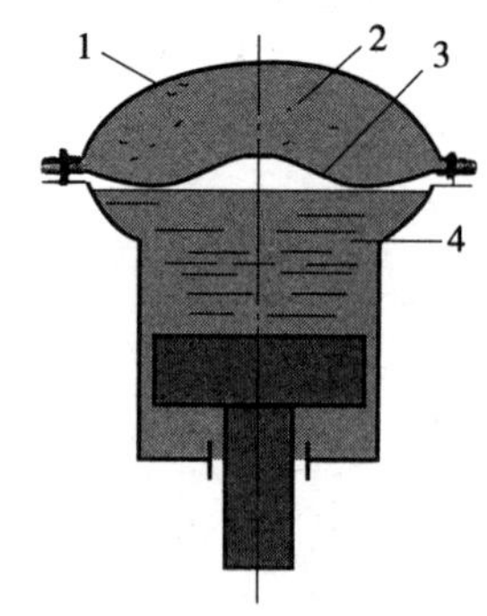

图 3-2-4　油气弹簧

1—球形室　2—气体　3—隔膜　4—油液

任务3　车桥的结构与维修

一、填空题

1. 根据作用不同，车桥可分为________________、________________、________________和________________四种类型。

2. 转向桥主要由____________、____________、____________和____________等组成。

3. 转向轮定位包括________________、________________、________________和________________四项内容。

4. 转向轮外倾角一般约为______，由____________的结构设计来保证。

5. 前轮前束由调节____________________的长度来保证。

6. 后轮定位包括________________和________________。

7. 按悬架结构不同，车桥分为________式和________式两种。________式车桥的中部是刚性实心（或空心）梁，与非独立悬架配用；________式车桥的结构为活动关节式，与独立悬架配用。

8. 四轮定位包括______________和______________两部分。

二、单项选择题

1.（　　）的作用是铰接前轴与转向节，以实现汽车车轮的转向。

A. 主销　　B. 前轴　　C. 梯形臂　　D. 衬套

2.（　　）是既能转向又能驱动的车桥。

A. 支持桥　　B. 驱动桥

C. 转向桥　　D. 转向驱动桥

3.（　　）的作用是使汽车转向轮自动回正、转向轻便。

A. 主销后倾　　B. 主销内倾

C. 前轮外倾　　D. 前轮前束

4.（　　）的主要作用是提高汽车前轮行驶的安全性。

A. 主销后倾　　B. 主销内倾　　C. 前轮外倾　　D. 前轮前束

5.（　　）的作用是保持汽车直线行驶的方向稳定性，并促使转弯后的前轮自动回正。

A. 主销后倾　　B. 主销内倾　　C. 前轮外倾　　D. 前轮前束

6. 为避免汽车转向沉重，主销后倾角一般不超过（　　）。

A. 2°　　B. 4°　　C. 5°　　D. 3°

7. 在汽车前轮定位中，主销内倾角不宜过大，一般不大于（　　）。

A. 5°　　B. 6°　　C. 4°　　D. 8°

三、判断题

1. 各种车型的转向桥结构基本上是不相同的。（　　）

2. 前轴中部向下凹的目的是降低发动机位置，减小传动轴与变速器输出轴之间的夹角。（　　）

3. 转向节轴上有两道轴颈，内大外小，用来安装内、外轮毂轴承。（　　）

4. 主销后倾角是前轴、悬架和车架装配在一起时，使前轴向后倾斜而形成的。（　　）

5. 转向轮外倾使转向轮所承受的重力集中到较大的内轴承上，从而保护较小的外轴承和转向节轴外端的锁紧螺母，有利于行驶安全。（　　）

四、名词解释

1．转向轮定位

2．主销后倾角

3．主销内倾角

4．转向轮外倾角

5．前轮前束

五、简答题

1. 车桥的功用是什么?

2. 前轮前束的作用是什么?

3. 汽车在行驶中的操纵稳定性是指什么?

六、应用题

结合图 3–3–1，介绍转向轮定位中主销后倾能使转向轮自动回正的原理。

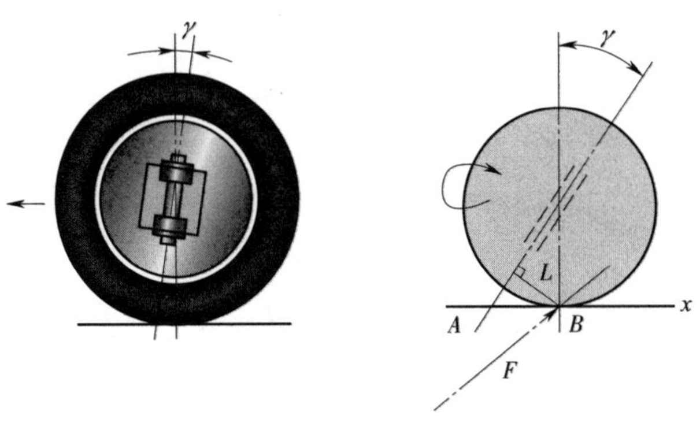

图 3–3–1　主销后倾角

任务4　车轮与轮胎的结构与维修

一、填空题

1．汽车车轮总成由________和________两大部分组成。

2．车轮一般由________、________和________组成。

3．按轮辐结构的不同，车轮可分为________式车轮和________式车轮两种。

4．________用于安装和固定轮胎。

5．轮辋的常见结构形式有________________、________________和________________。

6．按轮胎内空气压力的大小，轮胎可分为____________、____________和____________三种。

7．________胎弹性好、减振性能强、壁薄散热性好、与地面接触面积大、附着性好，因而广泛用于轿车。

8．按有无内胎，轮胎可分为____________轮胎和____________轮胎两种。目前轿车上普遍采用____________轮胎。

9．按胎体帘布层结构的不同，轮胎分为____________轮胎和____________轮胎两种。目前，____________轮胎在汽车上广泛应用。

10．常用的轮胎换位方法有________________法、______________法和______________

法。装用普通斜交轮胎的六轮二桥汽车，常用________________法进行轮胎换位。对于四轮二桥汽车，斜交轮胎可采用________________法进行轮胎换位，子午线轮胎宜用________________法进行轮胎换位。

11．轮胎换位后，应按所换的胎位要求，重新调整________。

12．车轮的不平衡包括________________和________________。

13．车轮的动平衡试验有____________和____________两种方法。

14．胎面是轮胎的外表面，可分为________、________和________三部分。

二、单项选择题

1．轿车的轮辋一般是（　　）。

A．深槽轮辋　　B．平底轮辋　　C．可拆式轮辋　　D．圆形式轮辋

2．某轮胎的规格为9.00–20，其中“–”表示（　　）。

A．低压胎　　B．高压胎　　C．斜交轮胎　　D．子午线轮胎

三、判断题

1．深槽轮辋适宜安装尺寸小、弹性较大的轮胎。（　　）

2．现在汽车一般均采用实心胎。（　　）

3．采用宽轮辋可以延长轮胎的使用寿命，并可改善汽车的通过性和行驶稳定性。（　　）

4．高压胎在松软路面上具有良好的通过能力，多用于越野汽车及部分高级轿车。（　　）

5．无内胎轮胎必须配用深槽轮辋。（　　）

四、简答题

1．简述汽车车轮的主要功用。

2．简述轮胎的功用。

3．子午线轮胎的优点有哪些？

4．说明子午线轮胎规格“205/55 R16 81V”的含义。

5．车轮不平衡的原因有哪些？

6．简述外胎的结构组成以及各部分的作用。

7．简述胎面花纹的种类以及各种花纹的应用。

8．简述无内胎轮胎的结构特点及其优点。

项目四　转向系构造与维修

任务 1　机械转向系的结构与维修

一、填空题

1．汽车转向系是指由驾驶员操纵，能实现转向轮________和________的一套机构。

2．当汽车需要改变行驶方向时，必须使转向轮绕__________轴线偏转一定角度。

3．动力转向系可分为________式和________式两类。

4．在汽车转向时，理想状态下，每个车轮都_____________而不发生_____________。

5．机械转向系由_______________、_______________和_______________三大部分组成。

6．转向器中有 1～2 级啮合传动副，具有________________的作用。

7．常见的转向器结构形式有________________式、________________式和________________式三种。

8．齿轮齿条式转向器主要由转向器壳体、_____________、_____________等组成。

9．循环球式转向器的第一级传动副是____________和转向螺母。

10．循环球式转向器的第二级传动副是________和齿扇。

11．安全式转向柱有____________式转向柱和____________式转向柱两种。

12．机械转向系是以________作为转向动力的。

13．转向操纵机构包括转向盘、____________、万向节、____________。

14．汽车转向时，驾驶员转动____________，通过转向轴、万向节和转向传动轴，将转向力矩输入____________。

二、单项选择题

1．为了避免转向轮的摆振，减缓传到转向盘上的冲击和振动，有的转向器上装有（　　）。

A．转向垂臂　　B．转向摇臂　　C．转向直拉杆　　D．转向减振器

2．（　　）是连接汽车左、右转向梯形臂的杆件，它与左、右转向梯形臂及前轴构成转

向梯形机构。

A．转向摇臂　　B．转向直拉杆　　C．转向横拉杆　　D．转向盘

3.（　　）的作用是实现汽车行驶方向的改变和保持汽车稳定的行驶路线。

A．转向系　　B．转向操纵机构

C．转向器　　D．转向传动机构

4.（　　）是连接汽车转向系转向摇臂和转向节臂的杆件。

A．转向直拉杆　　B．转向横拉杆　　C．转向节　　D．螺塞

5．齿轮齿条式转向器的主动件是（　　）。

A．转向齿条　　B．转向齿轮　　C．转向横拉杆　　D．转向节

6．前轴左、右转向轮的内转向轮转角必然（　　）外转向轮转角，汽车才能顺利转向。

A．大于　　B．小于　　C．等于　　D．大于或等于

7．转动汽车的转向横拉杆可以调整（　　）。

A．前轮前束　　B．前轮外倾角　　C．主销内倾角　　D．主销后倾角

8．汽车转向横拉杆两端的螺纹（　　）。

A．一端右旋，一端左旋　　B．都是右旋

C．都是左旋　　D．是常规的

三、判断题

1．汽车转向系按结构的不同，可分为机械转向系和动力转向系。（　　）

2．转向操纵机构的功用是产生转动转向器所必需的操纵力，并具有一定的调节和安全性能。（　　）

3．转向器是转向系中减速增矩的装置，其功用是增大转向盘传到转向节的力并改变力的传递方向。（　　）

4．轿车已经广泛采用可变传动比的齿轮齿条式转向器。（　　）

5．循环球式转向器的转向螺杆与转向螺母直接接触。（　　）

6．转向系的功用是保持汽车稳定的行驶路线，即使汽车直线行驶。（　　）

7．在转向横拉杆两端的接头上都装有球头销等零件组成的球形铰链。（　　）

8．通过转向盘转动循环球式转向器的转向螺杆时，转向螺母随之转动，同时沿杆轴向移动，并驱使齿扇轴（即转向摇臂轴）转动。（　　）

9．蜗杆曲柄指销式转向器通过转向摇臂与转向直拉杆相连。（　　）

10．可分离式安全转向操纵机构从结构上能使转向轴和转向管柱在受到冲击后，轴向收缩并吸收冲击能量，从而有效地缓和转向盘对驾驶员的冲击，减轻驾驶员所受伤害的程度。（　　）

四、名词解释

1．转向柱

2．可分离式转向柱

五、简答题

1．什么是汽车的转弯半径？转弯半径大小对汽车转弯有什么影响？

2．简述机械转向系的工作原理。

3．简述循环球式转向器的工作原理。

4．简述齿轮齿条式转向器的工作原理。

5．简述与非独立悬架配用的转向传动机构的组成。

6．简述转向传动机构的功用。

7．根据图 4–1–1，写出与非独立悬架配用的转向传动机构各部件的名称。

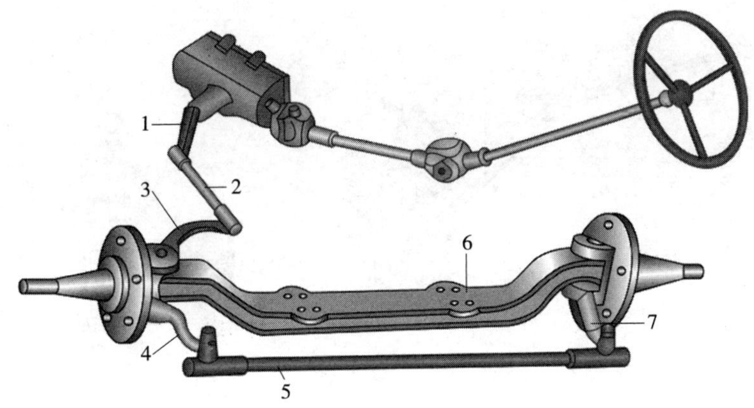

图 4–1–1　与非独立悬架配用的转向传动机构

1—____________________

2—____________________

3—____________________

4—____________________

5—____________________

6—____________________

7—____________________

8．什么是转向梯形机构？转向梯形机构的作用是什么？

9．简述蜗杆曲柄指销式转向器的工作原理。

10．根据图 4–1–2，写出齿轮齿条式转向器各部件的名称。

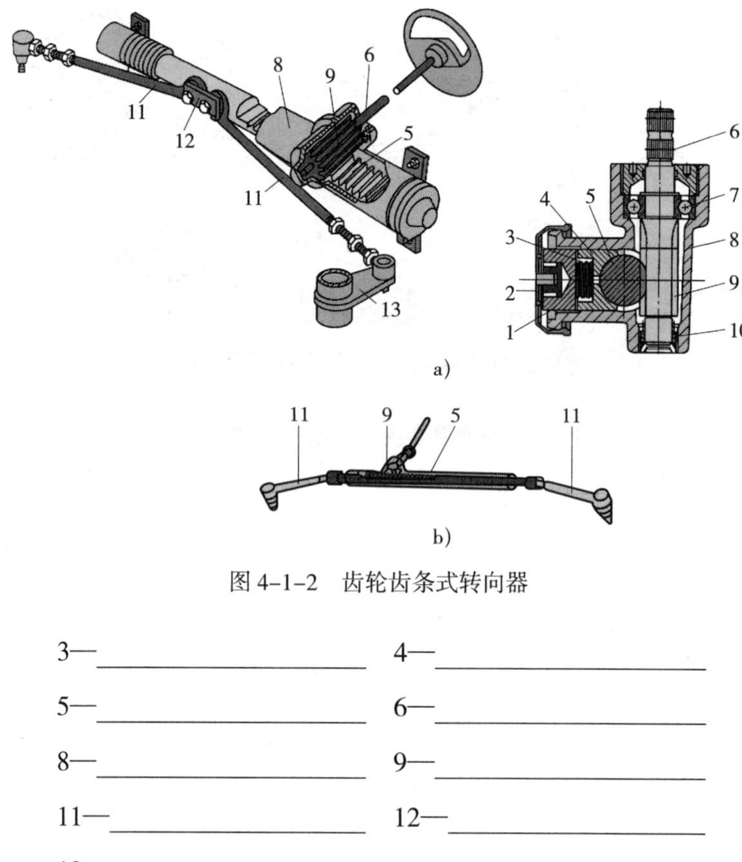

图 4–1–2　齿轮齿条式转向器

3—＿＿＿＿＿＿＿＿＿＿　4—＿＿＿＿＿＿＿＿＿＿

5—＿＿＿＿＿＿＿＿＿＿　6—＿＿＿＿＿＿＿＿＿＿

8—＿＿＿＿＿＿＿＿＿＿　9—＿＿＿＿＿＿＿＿＿＿

11—＿＿＿＿＿＿＿＿＿＿　12—＿＿＿＿＿＿＿＿＿＿

13—＿＿＿＿＿＿＿＿＿＿

任务 2　液压动力转向系的结构与维修

一、填空题

1．液压动力转向系是以液体的压力作为转向动力源的。汽车在转向时，大部分动力是由发动机带动＿＿＿＿＿＿旋转，将油液转变成具有一定压力的液压油，从而输送到转向器的＿＿＿＿＿＿＿＿＿＿中的。

2．液压动力转向装置按液流形式可分为＿＿＿＿式和＿＿＿＿式两种。

3．液压动力转向装置的部件包括＿＿＿＿＿＿＿＿、＿＿＿＿＿＿＿＿、＿＿＿＿＿＿＿＿

以及位于整体式动力转向器内部的__________________和__________________等。

4．齿轮齿条式液压动力转向器除具有原来的机械部分外，还增设了________________和__________________等。

5．_______________的作用是储存、滤清并冷却液压动力转向装置的工作油液。

6．阀体沿轴向移动来控制油液流量的转向控制阀，称为_______式转向控制阀。

7．阀体绕其轴线转动来控制油液流量的转向控制阀，称为_______式转向控制阀。

二、判断题

1．一旦液压动力转向装置失效，动力转向器将变成机械转向器。（　　）

2．液压常流式动力转向系具有“快转快助，大转大助，不转不助”的特点。（　　）

3．车轮维持在某一转角位置时，助力转矩与车轮的回正力矩相平衡。（　　）

4．车轮维持在某一转角位置时，动力转向器不起助力作用。（　　）

5．液压常流滑阀式动力转向装置主要用于大型货车和客车。（　　）

三、简答题

1．简述循环球式液压动力转向器的组成。

2．简述转向油泵的作用及常见类型。

3．简述循环球式液压动力转向器卸荷阀的作用。

4．简述叶片式转向油泵的结构。

5．根据图 4–2–1，写出液压动力转向系各部件的名称。

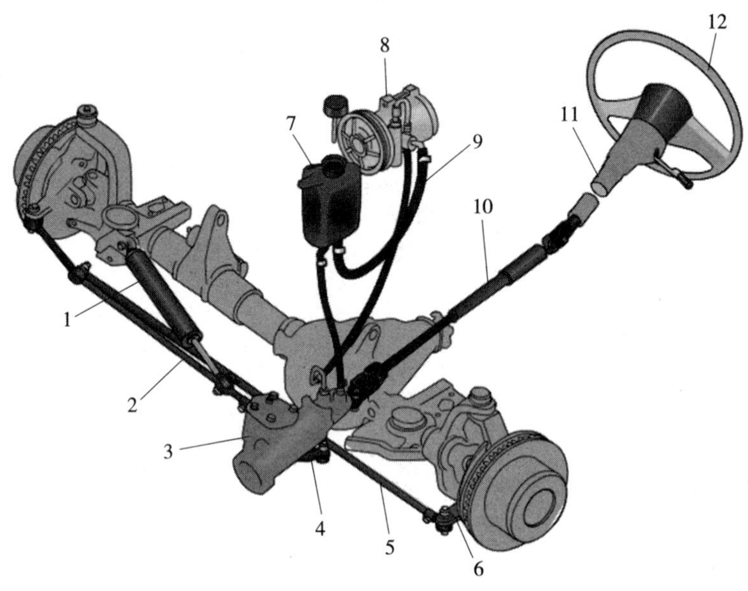

图 4–2–1　液压动力转向系

1—________________ 2—________________

3—________________ 4—________________

5—________________ 6—________________

7—________________ 8—________________

9—________________ 10—________________

11—________________ 12—________________

四、论述题

描述液压常流转阀式动力转向装置的工作原理。

任务3 电控动力转向系的结构与维修

一、填空题

1. 根据动力源不同，电控动力转向系可分为__________动力转向系和__________动力转向系。

2. 电控液力式动力转向系主要由______________、电磁阀、分流阀、转向动力缸、转向油泵、转向油罐和______________等组成。

3. 电磁阀由____________、____________、____________等构成。

4. 电控液力式动力转向系具有三种控制状态。电子控制单元根据车速传感器信号判断出车辆停止、____________状态与____________状态，控制电磁阀通电电流。

5. 电动动力转向系通常由________________、________________、________________、________________、________________等组成。

6. ________________的作用是测定转向盘与转向器之间的相对转矩，作为电动助力的依据之一。

7. 转向助力电动机一般为________电动机。

8. 电动动力转向系中的电磁离合器一般使用__________________电磁离合器，工作电压为______V。

二、简答题

1. 简述电控液力式动力转向系中转向控制阀的结构特点。

2. 分流阀的作用是什么？

3. 简述电控液力式动力转向系停车与低速状态时的工作原理。

4. 简述电控液力式动力转向系中高速直行状态时的工作原理。

5. 简述电控液力式动力转向系中高速转向状态时的工作原理。

6．简述电动动力转向系的工作原理。

7．根据图 4-3-1，说明电动动力转向系中转矩传感器的工作原理。

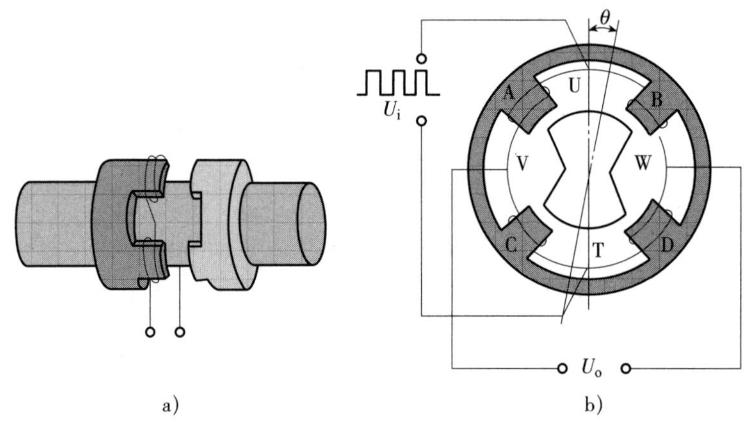

图 4-3-1　转矩传感器

a）结构　b）工作原理

8．简述电动动力转向系中电磁离合器的工作原理。

项目五　制动系构造与维修

任务1　车轮制动器的结构与维修

一、填空题

1. 车轮制动器分为______式和______式两大类，二者均利用固定元件与旋转元件工作表面的摩擦产生制动力矩，均属于______式制动器。

2. 鼓式制动器可分为以制动轮缸作为制动蹄张开装置的________式制动器和以制动凸轮作为制动蹄张开装置的________式制动器。

3. 简单的鼓式制动器由________________、________________、________________和定位调整装置组成。

4. 鼓式制动器的固定部分是________________和________________。

5. 制动底板固装在车桥的凸缘盘上，通过支撑销与____________相连。

6. 促动装置的作用是对制动蹄施加力使其向外张开，常用的促动装置有________________和________________。

7. 制动蹄不工作时，其摩擦片与制动鼓之间应有合适的间隙，此间隙一般为____________～________mm。

8. 根据制动时两制动蹄对制动鼓的法向力之间的关系，鼓式制动器可分为___________式、___________式和___________式。

9. 制动鼓所受来自两制动蹄的法向力不能互相平衡的制动器称为____________式制动器。

10. 制动鼓所受来自两制动蹄的法向力互相平衡的制动器称为____________式制动器。

11. 平衡式制动器可分为________平衡式制动器和________平衡式制动器。

12. 自增力式制动器可分为________自增力式制动器和________自增力式制动器。

13. 鼓式制动器摩擦副中的旋转元件为____________，其内圆柱面为____________。

14．盘式制动器摩擦副中的旋转元件为以端面作工作面的金属圆盘，称为__________。

15．根据固定元件的结构形式，盘式制动器可分为_______式制动器与_______式制动器。

16．钳盘式制动器按制动钳固定在支架上的结构形式可分为_______盘式和_______盘式两种。

二、单项选择题

1．全盘式制动器主要应用在（　　）上。

A．轿车　B．轻型卡车　C．特种车　D．重型车

2．（　　）的功用之一是保证汽车停放可靠，不致自动滑溜。

A．传动系　B．行驶系　C．转向系　D．制动系

3．固定在汽车车轮上的旋转元件是（　　）。

A．制动盘　B．制动块　C．活塞　D．钳形支架

4．钳盘式制动器中一般有（　　）块制动块。

A．1 ~ 2　B．2 ~ 4　C．3 ~ 5　D．5 ~ 7

5．目前各种轿车广泛采用（　　）式制动器作为车轮制动器。

A．凸轮　B．全盘　C．钳盘　D．轮缸

6．鼓式制动器通过（　　）挤压随车轮同步旋转的制动鼓的内侧面而获得制动力。

A．制动蹄摩擦片　B．回位弹簧

C．支撑销　D．制动气管

三、判断题

1．汽车车轮制动器中固定的摩擦元件是制动盘。（　　）

2．鼓式制动器多为外张双蹄式。（　　）

3．作为旋转元件的制动蹄，随同汽车车轮旋转。（　　）

4．全盘式制动器的固定元件的金属背板和摩擦片都做成圆盘形，因而其制动盘的全部工作面可同时与摩擦片接触。（　　）

5．钳盘式制动器目前被各级轿车和轻型货车用作车轮制动器；全盘式制动器只被少数汽车（主要是重型汽车）采用为车轮制动器。（　　）

6．浮钳盘式制动器的轴向和径向尺寸较小，而且制动液受热汽化的概率较大。（　　）

7. 盘式制动器的散热能力强，热稳定性好，受热后，制动盘只在径向膨胀，不会影响制动间隙。 (　　)

8. 盘式制动器的防污性能差，制动块摩擦面积小，磨损较慢。 (　　)

四、简答题

1. 简述制动系的功用。

2. 简述制动系的组成。

3. 简述制动系传动装置的作用及类型。

4. 盘式制动器的类型有哪些？

五、论述题

1. 描述鼓式制动器的工作过程。

2. 分别描述浮钳盘式与定钳盘式制动器的工作过程。

3．描述盘式制动器的特点。

4．描述非平衡式制动器的工作特点。

5．描述平衡式制动器的工作特点。

6. 描述自增力式制动器的工作特点。

任务 2　驻车制动器的结构与维修

一、填空题

1. 中央制动式驻车制动器通常安装在____________的后面，其制动力矩作用在____________上。

2. 车轮制动式驻车制动器通常与车轮制动器共用一个制动器总成，只是________________是相互独立的。

3. 目前常用的车轮制动式驻车制动器根据控制方式不同可分为________式和________式两种。

4. 电子式驻车制动器也可以称为________________________。

5. 目前，汽车上广泛应用的电子驻车制动技术主要呈现为两种形式：_______________

式电子驻车制动系统和________________式电子驻车制动系统。

6. 卡钳集成式电子驻车制动系统利用________________和________________替代了传统的________________、________________和________________等控制元件。

二、单项选择题

1.（　　）装置用于使停驶的汽车驻留原地不动。

A. 行车制动　　B. 驻车制动　　C. 完全制动　　D. 液压制动

2. 由于（　　）制动器具有诸多优点，因而广泛用作汽车驻车制动器。

A. 鼓式　　B. 盘式　　C. 带式　　D. 其他形式

3. 机械式驻车制动器中，（　　）制动器兼作驻车制动器。

A. 前轮　　B. 后轮　　C. 行车　　D. 盘式

三、简答题

1. 驻车制动器的类型有哪些？

2. 简述车轮制动机械式驻车制动器的工作原理。

3. 简述驻车制动器的功用。

四、论述题

描述中央制动鼓式驻车制动器的工作原理。

任务3 液压式制动传动装置的结构与维修

一、填空题

1. 按照交通法规的要求，现在汽车的行车制动系须采用____________制动传动装置，____________制动传动装置已被淘汰。

2. 液压式制动传动装置由制动踏板、____________、____________、____________、____________、油管、制动灯开关、指示灯、比例阀等组成。

3. 双管路液压式制动传动装置是利用彼此独立的____________，通过两套独立管路，分别控制两桥或三桥的车轮制动器。

4. 双管路的布置方案在各型汽车上各有不同，常见的有____________式和____________式两种形式。

5. 串联式双腔制动主缸主要由缸体、____________、____________、____________

______、________________等组成。

6. 制动轮缸主要由缸体、________________、________________、________________、________________等组成。

7. 常见的制动轮缸类型有______________式、______________式、______________式，应用最为广泛的是______________式。

8. 气压式制动传动装置是利用______________作动力源的动力制动装置。

9. 在气压式制动传动装置中，气压调节器在管路中的连接方式有两种，一种是将气压调节器与________________和________________并联；另一种是将气压调节器串联在________________和________________之间。

10. 制动传动装置的功用是将驾驶员或其他动力源的作用传到____________，并控制制动器的工作，从而获得所需要的________________。

11. 前后独立式双管路液压制动传动装置由____________________通过两套独立的管路分别控制________和后桥的车轮制动器。

12. 交叉式双管路液压制动传动装置由____________________通过两套独立的管路分别控制前、后桥____________方向的两个车轮制动器。

二、单项选择题

1. (　　)的作用是将制动踏板输入的机械推力转换成液压力。

A. 制动主缸　　B. 推杆　　C. 后活塞　　D. 制动轮缸

2. (　　)的作用是将制动主缸传来的液压力转换成使制动蹄张开的机械推力。

A. 推杆　　B. 后活塞　　C. 制动轮缸　　D. 回位弹簧

3. 踩下汽车制动踏板时，双腔制动主缸中(　　)。

A. 后腔液压先升高

B. 前腔液压先升高

C. 前、后腔液压同时升高

D. 前、后腔液压升高的顺序不定

4. 气压式制动传动装置常用于(　　)型汽车。

A. 大、中　　B. 小　　C. 微　　D. 小、微

5. 目前的汽车气压制动系统中，多采用(　　)气压式制动传动装置。

A. 单管路　　B. 双管路　　C. 三管路　　D. 四管路

三、判断题

1．前后独立式双管路液压制动传动装置主要用于发动机前置、后轮驱动的汽车。

（　　）

2．交叉式双管路液压制动传动装置主要用于发动机前置、后轮驱动的轿车。（　　）

3．气压式制动传动装置的特点是制动踏板行程较长。（　　）

4．活塞式制动气室的结构简单，但活塞寿命较短，行程较小，制动蹄与制动鼓间隙稍有变化即需调整。（　　）

5．若双管路液压式制动传动装置的其中一套管路发生故障而失效，另一套管路不能起制动作用。（　　）

6．交叉式双管路液压制动传动装置在任一管路失效时，仍能保持一半的制动力，且前、后桥制动力分配比例保持不变，有利于提高制动方向稳定性。（　　）

四、简答题

1．简述前后独立式双管路液压制动传动装置的特点。

2．简述交叉式双管路液压制动传动装置的特点。

3. 简述气压式制动传动装置的工作原理。

五、论述题

1. 描述串联式双腔制动主缸的工作原理。

2. 描述制动轮缸的结构组成及工作原理。

任务4　制动增压装置的结构与维修

一、填空题

1. 真空增压装置可分为________式和________式两种。

2. 增压式真空增压装置通过______________将制动主缸的液压进一步增大。

3. 助力式真空增压装置通过______________来帮助制动踏板对制动主缸产生推力。

4. 真空增压式液压制动传动装置在普通液压制动传动装置的基础上加装了一套真空增压装置。真空增压装置包括由发动机进气歧管、________________、________________组成的供能装置，作为控制装置的________________，以及作为传动装置的________________、________________和________________。

5. 真空助力器是由________________和________________组成的一个整体部件。

6. 限压阀串联在________________与________________的管路之间。

7. 比例阀串联在________________与________________的管路之间。

8. 汽车轴载质量的变化不仅与________________或实际装载质量有关，还与汽车制动时的________________大小有关。

9. 常用的制动力分配调节装置有________________、________________、________________和________________等。

二、简答题

1. 简述真空增压式液压制动传动装置的工作过程。

2. 简述制动力分配调节装置的作用。

3. 简述限压阀的作用。

4. 简述比例阀的作用。

5．简述惯性阀的作用。

三、论述题

描述真空助力器的工作原理。

任务5 汽车防滑控制系统的结构与维修

一、填空题

1. 防抱死制动系统（ABS）主要由________________、________________和________________等组成。

2. 电磁式轮速传感器主要由____________和____________两部分组成。

3. 根据调压方式不同，制动压力调节器可分为____________式和____________式两种。

4. 循环式制动压力调节器通过电磁阀________控制制动轮缸的制动压力，而可变容积式制动压力调节器通过电磁阀________改变制动轮缸的制动压力。

5. 循环式制动压力调节器主要由制动踏板、制动主缸、制动轮缸、__________、__________、__________等组成，在制动主缸与制动轮缸之间串联一个__________，直接控制制动轮缸的制动压力。

6. ABS按控制通道数量可分为__________、__________、二通道和一通道四种；按传感器数量主要可分为____________和____________两种。

二、简答题

1. 简述ABS的工作原理。

2．简述轮速传感器的功用及分类。

3．简述电子控制单元的功用。

4．简述制动压力调节器的功用。

5．简述驱动防滑系统的控制方式。

6．简述电磁式轮速传感器的工作原理。

7．按汽车制动系统分类，ABS 系统有哪几类？

8．简述三通道四传感器式 ABS 系统的工作过程。

9．简述霍尔式轮速传感器的组成。

10. 简述霍尔式轮速传感器的工作原理。

11. 简述循环式制动压力调节器的工作过程。

12. 简述整体式制动压力调节器的结构组成。

13．简述整体式制动压力调节器中蓄能器的功用。